BEI GRIN MACHT SICH IHR WISSEN BEZAHLT

- Wir veröffentlichen Ihre Hausarbeit, Bachelor- und Masterarbeit

- Ihr eigenes eBook und Buch - weltweit in allen wichtigen Shops

- Verdienen Sie an jedem Verkauf

Jetzt bei www.GRIN.com hochladen und kostenlos publizieren

Bibliografische Information der Deutschen Nationalbibliothek:

Die Deutsche Bibliothek verzeichnet diese Publikation in der Deutschen Nationalbibliografie; detaillierte bibliografische Daten sind im Internet über http://dnb.d-nb.de/ abrufbar.

Dieses Werk sowie alle darin enthaltenen einzelnen Beiträge und Abbildungen sind urheberrechtlich geschützt. Jede Verwertung, die nicht ausdrücklich vom Urheberrechtsschutz zugelassen ist, bedarf der vorherigen Zustimmung des Verlages. Das gilt insbesondere für Vervielfältigungen, Bearbeitungen, Übersetzungen, Mikroverfilmungen, Auswertungen durch Datenbanken und für die Einspeicherung und Verarbeitung in elektronische Systeme. Alle Rechte, auch die des auszugsweisen Nachdrucks, der fotomechanischen Wiedergabe (einschließlich Mikrokopie) sowie der Auswertung durch Datenbanken oder ähnliche Einrichtungen, vorbehalten.

Impressum:

Copyright © 2017 GRIN Verlag
Druck und Bindung: Books on Demand GmbH, Norderstedt Germany
ISBN: 9783668748361

Dieses Buch bei GRIN:

https://www.grin.com/document/427723

Leon Gregori

Warenkorb Service Implementierung in Java im Rahmen der Softwareentwicklung

GRIN Verlag

GRIN - Your knowledge has value

Der GRIN Verlag publiziert seit 1998 wissenschaftliche Arbeiten von Studenten, Hochschullehrern und anderen Akademikern als eBook und gedrucktes Buch. Die Verlagswebsite www.grin.com ist die ideale Plattform zur Veröffentlichung von Hausarbeiten, Abschlussarbeiten, wissenschaftlichen Aufsätzen, Dissertationen und Fachbüchern.

Besuchen Sie uns im Internet:

http://www.grin.com/

http://www.facebook.com/grincom

http://www.twitter.com/grin_com

AKAD University Stuttgart
Studiengang: Wirtschaftsinformatik (B.Sc)

01.03.2017

JAV40 – Warenkorb

Erstellung einer einfachen Java-Anwendung zur Verwaltung eines Online-Warenkorbs.

vorgelegt von: Leon Gregori

Abgabetermin: 02.04.2018

Inhaltsverzeichnis

1. Einleitung 4
   1.1 Problemstellung 4
   1.2 Zielsetzung der Arbeit 5
   1.3 Aufbau des Dokumentes 5
2. Grundlagenwissen 5
   2.1 Objektorientierung 6
   2.2 Webshop Systeme 7
3. Warenkorb - Implementierung 8
   3.1 Klasse Artikel 8
   3.2 Klasse Warenkorb 9
   3.3 Main Methode 11
4. Schluss 12
   4.1 Resümee 12
   4.2 Kritische Auseinandersetzung 12
5. Literaturverzeichnis 14

Abbildungsverzeichnis

Abbildung 1: Umsatz durch E-Commerce in Deutschland von 1999 bis 2017 4
Abbildung 2: Aufbau des Dokumentes, eigene Darstellung 5
Abbildung 3: Webshop Prozesse, eigene Darstellung 7
Abbildung 4: UML Klassendiagramm für die Klassen Warenkorb und Artikel. 9
Abbildung 5: Beispielausgabe von getWarenkorbInhalt 12

Glossar

Persistent	Im Softwareentwicklungskontext beschreibt Persistenz das Fortbestehen von

	Daten/Objekten, auch nachdem eine Laufzeitumgebung beendet oder der Hauptspeicher gelöscht wurde.
Microservice	Systemarchitektur, welche kleinste Funktionalitäten eigenständig und gekapselt betreibt. Funktionalitäten kommunizieren ausschließlich über REST APIs.
REST API	Eine REST Schnittstelle dient zum Datenaustausch zwischen Applikationen via http Protokoll.

1. Einleitung

1.1 Problemstellung

E-Commerce ist allgegenwärtig, ob Einzelhandel, Financial Services oder in der Industrie, überall werden Waren und Dienstleistungen via Webshop angeboten. Die Geschwindigkeit und der Entwicklungszyklus einzelner Webshop Komponenten wie Warenkorb, Artikeldatenbanken oder Zahlungsmethoden nimmt stetig zu, da ständig neue Funktionen benötigt werden um die Kunden zufriedenzustellen.[1]

Diese Zufriedenheit wird maßgeblich von Basisfunktionen wie dem Hinzufügen eines Artikels oder der Ausgabe aller Artikel in einem Warenkorb bestimmt. Wie wichtig E-Commerce insgesamt ist, wird in der Grafik (Abbildung 1) deutlich. Seit 2010 gibt es einen linearen Anstieg des Umsatzes von circa vier Milliarden Euro im Jahr. Dieser Umsatz wird über Webshops und E-Commerce Shops generiert. In diesem Assignment soll anhand von fachlichen Anforderungen ein Warenkorb Service in Java entwickelt werden, welcher die Grundlage eines jeden Webshops und somit auch dem E-Commerce Erfolg bietet.

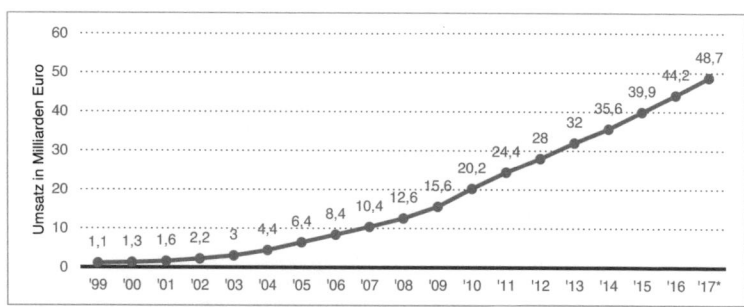

Abbildung 1: Umsatz durch E-Commerce in Deutschland von 1999 bis 2017[2]

---

[1] Vgl. PREIßL, Brigitte, et al. E-Commerce--Erfolgsfaktoren
[2] HDE, Statista. Umsatz durch E-Commerce (B2C) in Deutschland

1.2 Zielsetzung der Arbeit

Ziel dieses Assignments ist es, einen Warenkorbservice mit den beschriebenen Anforderungen[3] in Java zu entwickeln. Hierzu werden die beiden Klassen Artikel und Warenkorb sowie eine Main Methode entwickelt, welche grundlegende Funktionen des Warenkorbs ausführen werden. Um den Aufbau des Programms besser zu verstehen wird ein UML-Diagramm erstellt. Der Warenkorbservice ist nicht persistent und verliert somit nach Beendigung der Laufzeit alle Daten.

1.3 Aufbau des Dokumentes

Nachdem im ersten Teil genauer auf die Problemstellung sowie die Zielsetzung dieser Arbeit eingegangen wurde, folgt im zweiten Kapitel Grundlagenwissen rund um das Thema Objektorientierung (speziell Java). Außerdem werden die Grundzüge eines Webshop Systems erläutert, damit der hier entwickelte Warenkorbservice in einen Gesamtkontext gesetzt werden und somit besser verstanden werden kann.

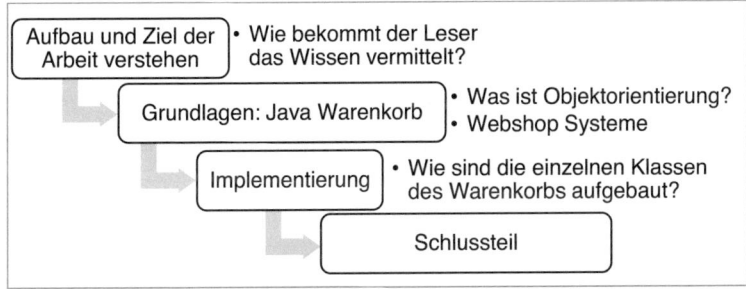

Abbildung 2: Aufbau des Dokumentes, eigene Darstellung

2. Grundlagenwissen

Bevor auf die eigentliche Implementierung des Warenkorbs eingegangen wird, ist es für das Gesamtverständnis sinnvoll den Kontext des Warenkorbs, das

---

[3] Riege, Mathias. Warenkorb_JAV40, AKAD University, 2016

Webshop System, zu kennen. Außerdem folgen die wichtigsten Konzepte der Objektorientierung.

2.1 Objektorientierung

Die Objektorientierung beschreibt ein Vorgehensmodell innerhalb der Softwareentwicklung, welches in den Neunzigerjahren eingeführt wurde und von Programmiersprachen wie Java konsequent verwendet wird. Das Ziel der Objektorientierung besteht darin Software einfacher skalieren, den Code besser verstehen und Wartungsaufwände reduzieren zu können. Um diese Ziele zu erreichen nutzt die Objektorientierung die Modelle der Datenkapselung, Polymorphie und Vererbung.[4]

Die Datenkapselung beschreibt in der Programmierung das Verbergen von Implementierungsdetails (Geheimnisprinzip). So kann auf eine definierte Datenstruktur nicht direkt, sondern nur über eine Schnittstelle (z.B. Methode) zugegriffen werden.[5] Dadurch kann eine definierte Datenstruktur im Programm nicht beliebig gelesen oder beschrieben werden, was die Sicherheit sowie die Funktionsweise des Programmcodes sicherstellt.

Vererbung bedeutet, dass Klassen voneinander erben können. Dies bezieht sich auf deren Methoden sowie Attribute. Somit können Datenstrukturen erzeugt werden, welche auf einer bereits definierten Datenstruktur aufbauen, was den Entwicklungsaufwand minimiert und gleichzeitig den Programmcode besser strukturiert.[6]

Polymorphie beschreibt die Fähigkeit des Programms, unterschiedliche (Sub-) Klassen, welche durch Vererbung von einer Basisklasse abstammen,

---

[4] Vgl. LAHRES, Bernhard; RAÝMAN, Gregor. Praxisbuch Objektorientierung S.25-26
[5] Vgl. STENDER, Peter. Kurze Einführung in die OO-Programmierung, S.7-11
[6] Vgl. POETZSCH-HEFFTER, Arnd. Konzepte objektorientierter Programmierung S. 143

dennoch einzeln zu betrachten und somit, abhängig von der Implementierung auf die gleiche Aktion unterschiedlich reagieren zu lassen.[7]

2.2 Webshop Systeme

Ein Webshop bietet Unternehmen einen zusätzlichen Kanal um ihre Produkte zu vertreiben und zu verkaufen. Die hohe Benutzerfreundlichkeit eines Webshops bietet viele Vorteile gegenüber dem traditionellem Einzelhandel im Ladengeschäft, da alle Prozesse auf den jeweiligen User angepasst werden können. Es folgt eine Übersicht der wesentlichen Prozesse (Abbildung 3).

Abbildung 3: Webshop Prozesse, eigene Darstellung[8]

Diese Übersicht erlaubt es die Funktionalität des Warenkorbs in Relation zu setzen. Nachdem der User registriert und somit auch ein Kundenprofil in der Shop-Datenbank angelegt ist, kann er das Angebot, welches auf die Produktdaten zurückgreift ansehen. Hier kommt der Warenkorb ins Spiel. Er ist Teil des Shop-Prozesses „Bestellung", in dem der User Artikel welche ihm gefallen in den Warenkorb hinzufügt oder löscht. Die Hintergrundprozesse des Webshops, welche die anfallenden Daten aus den Shop-Prozessen möglichst automatisiert verwalten, werden aufgrund des Fokus auf die Implementierung

---

[7] Vgl. PETRI, Britta; PETRI, Björn. Polymorphie, Java-Tutorial.org
[8] Vgl. MEIER, Andreas; WERRO, Nicolas. Extending a webshop

eines Warenkorbs hier nicht weiter berücksichtigt. Es wird deutlich, dass der Warenkorb einen kleinen aber sehr wichtigen Teil des Webshops darstellt.

3. Warenkorb - Implementierung

Der Warenkorb-Service besteht aus 2 Klassen. Zum einen gibt es die Klasse „Artikel", welche den jeweiligen Artikel repräsentiert. Dieser kann als Objekt im Warenkorb verarbeitet werden. Zum anderen gibt es die Klasse Warenkorb, welche eine sogenannte ArrayList implementiert, die Objekte vom Typ Artikel speichert und darauf aufbauend eine Logik auf die einzelnen Artikel in der Liste abbildet.

In der Main Methode, in welcher der Warenkorb-Service ausgeführt wird, werden mehrere Warenkörbe für unterschiedliche Kunden instanziiert. Anschließend werden verschiedene Methoden des Warenkorbs aufgerufen, um die Funktionalität des Programms aufzuzeigen.

3.1 Klasse Artikel

Die Klasse *Artikel* repräsentiert einen *Artikel*. Die Klasse kann mithilfe des Konstruktors Artikel() erstellt werden.
Hierbei müssen die privaten Variablen *Artikelnummer, Steuersatz, Nettopreis* sowie *Beschreibung* als Parameter für die Instanziierung mittels Konstruktor mitgegeben werden. Der *Steuersatz* wird prozentual angegeben. Es existiert eine Validierung der Variablen *Nettopreis* und *Steuersatz*, die immer größer Null sein müssen. Des Weiteren hat die Klasse eine private Variable *ArtikelAnzahl* die immer mit 1 initialisiert wird. Diese ist notwendig, da ansonsten im Warenkorb jeder *Artikel* nur einmal verwendet werden könnte.

Im Falle eines mehrfachen Konstruktoren Aufrufs unter Verwendung der selben *Artikelnummer* erfolgt keine Dubletten Prüfung. Artikelnummern können mehrmals identisch existieren, was dem Grundgedanken einer

Artikelnummer widerspricht. Da eine Methode zur Überprüfung von Dubletten nicht Teil der Klasse *Artikel* sein kann, wäre die einzige Möglichkeit dies in der *Main* Methode zu prüfen oder eine komplett neue Klasse einzuführen. Das würde an dieser Stelle allerdings den Rahmen dieser Arbeit überschreiten.

Neben dem Konstruktor hat die Klasse *Artikel* einige öffentliche Methoden, welche innerhalb der Klasse Warenkorb aufgerufen werden können. Alle „getter-Methoden" geben direkt den jeweiligen Variablenwert zurück. Eine Ausnahme stellt die Methode *getBruttopreis dar,* welche anhand der Variablen *Steuersatz* und *Nettopreis* den Bruttopreis auf 2 Nachkommastellen errechnet und diesen dann zurückgibt. Mit der Methode *setArtikelAnzahl* kann die Anzahl der *Artikel* verändert werden, was insbesondere beim Platzieren von mehreren Artikelobjekten in den *Warenkorb* von Nöten ist. Ein UML Klassendiagramm visualisiert die Methoden und Variablen der Klasse *Artikel* (Abbildung 3).

Artikel
- Artikelnummer: int - Steuersatz: double - Beschreibung: String - Nettopreis: double - ArtikelAnzahl: int
Artikel() + getArtikelAnzahl() : int + getArtikelnummer() : int + getBeschreibung() : String + getBruttopreis() : double + getNettopreis() : double + getSteuersatz() : double + setArtikelAnzahl(_Anzahl: int) : int

Warenkorb
- Artikelliste: ArrayList<Artikel> - WarenkorbWert: double - WarenkorbWertBrutto: double
Warenkorb() + artikelHinzu(Artikel NeuerArtikel) + artikelLoeschen(Artikel ObsoleterArtikel) + getWarenkorbInhalt() + getWarenkorbSize() + getWarenkorbWert() : double + getWarenkorbWertBrutto() : double

Abbildung 4: UML Klassendiagramm für die Klassen Warenkorb und Artikel.

3.2 Klasse Warenkorb

Die Klasse *Warenkorb* dient der Speicherung und Verwaltung aller eingekaufter Artikel. Basierend auf den Artikeldaten, welche im Warenkorb durch die private ArrayList *Artikelliste* gespeichert werden, können dann

Brutto- und Nettopreise der jeweiligen Artikel ausgegeben werden. Die *Artikelliste* speichert ausschließlich Objekte des Typs *Artikel*. Außerdem existieren noch 2 weitere private Variablen *Warenkorbwert* und *WarenkorbwertBrutto*. Diese dienen zur Speicherung des gesamten Warenkorbwerts.

Die Methoden *ArtikelHinzu()* und *ArtikelLoeschen()* sind identisch aufgebaut und dienen dem Hinzufügen und Löschen von Artikeln im Warenkorb. Die Methoden werden mit einem Parameter des Typs *Artikel* aufgerufen, welcher methodenintern als *NeuerArtikel* oder *ObsoleterArtikel* initialisiert wird.
Durch eine „for-Schleife" wird die Artikelliste auf den *Artikel* durchsucht. Wenn der Zielartikel gefunden wurde, folgt eine Prüfung der im Warenkorb enthaltenen *Artikelanzahl*. Diese wird dann entsprechend maximiert oder minimiert. Falls nur ein Artikel im Warenkorb liegt und die Methode *Artikelloeschen()* aufgerufen wird, wird der Artikel komplett aus der Liste entfernt.

Um den Warenkorbinhalt aufzurufen kann die Funktion *getWarenkorbInhalt* ausgeführt werden. Innerhalb dieser Methode wird der Gesamte Inhalt des Warenkorbs, Artikel für Artikel ausgegeben. Für jeden Artikel wird der Netto-, Bruttopreis sowie die *Artikelnummer*, die *Beschreibung* und die *ArtikelAnzahl* ausgegeben. Ferner wird nach der Auflistung aller Artikel der Gesamtpreis des Warenkorbs ausgegeben.
Hierzu werden die Methoden *getWarenkorbWert* und *getWarenkorbWertBrutto* innerhalb der Methode *getWarenkorbInhalt* aufgerufen. Ein wichtiges Detail der Methode *getWarenkorbWertBrutto* ist, dass Sie unterschiedliche Steuersätze für die einzelnen Artikel berücksichtigen kann.
Außerdem stellt die Klasse *Warenkorb* noch eine Methode für die Ausgabe der Anzahl aller im Warenkorb enthaltenen Artikel bereit. Diese könnte beispielsweise für Werbekampagnen genutzt werden, in welcher bei einem Kauf von mehr als 5 Artikeln der günstigste Artikel gratis ist.

3.3 Main Methode

Im klassischen Softwareentwicklungszyklus folgt nach der Implementierung immer eine Testphase. Durch agile Ansätze und Tools wie Unit Testing und Continuous Integration verschmelzen diese Phasen allerdings mehr und mehr. Um In diesem Falle die Funktion der Software zu gewährleisten, werden funktionale Szenarien in der Main Methode ausgeführt. Im Falle des Warenkorbs werden für drei Kunden exemplarisch Warenkörbe erstellt. Alle 3 Kunden interagieren auf eine andere Art und Weise mit dem Warenkorb, um eine möglichst hohe Abdeckung aller Szenarien und Funktionen (Testabdeckung) zu erreichen.

Die Interaktion von Kunde Eins besteht darin, zwei Artikel in den Warenkorb zu legen und sich diese, zusammen mit der Gesamtsumme im Warenkorb ausgeben zu lassen.
Um jedoch die Implementierung tiefgründiger zu testen, folgt Kunde Zwei. Kunde Zwei legt zwei Artikel mit unterschiedlichen Steuersätzen in den Warenkorb. Auch er lässt sich alle Artikel sowie deren Gesamtsumme ausgeben.
Als letzter Test folgt Kunde Drei, welcher einen Artikel doppelt in den Warenkorb hinzufügt, jedoch dann wieder einen dieser Artikel löscht, sodass die Anzahl dieses Artikels im Warenkorb reduziert werden muss. Außerdem legt er noch einen weiteren Artikel in den Warenkorb und lässt sich daraufhin ebenfalls alle Artikel sowie die Gesamtsumme ausgeben.

Durch die oben beschriebenen Personas, welche den Warenkorb nutzen (Kunde Eins, Kunde Zwei und Kunde Drei), können Fehler isolierter betrachtet werden. Im Fehlerfall können die Klassen somit einfacher debuggt werden.

In Abbildung 4 ist eine beispielhafte Ausgabe von getWarenkorbInhalt in der Main Methode zu sehen. Eine Währung wird aufgrund der gestellten Anforderungen nicht ausgegeben.

```
Artikel 1
Artikelbeschreibung: BeansFromJava
Artikelnummer: 2313
Einzelpreis: 4.9
Einzelpreis (inkl. 7.0% MwSt) 5.24
Anzahl 1

Artikel 2
Artikelbeschreibung: VinoGrigio
Artikelnummer: 1233
Einzelpreis: 8.98
Einzelpreis (inkl. 19.0% MwSt) 10.68
Anzahl 1

_____
Gesamtpreis: 13.88
Gesamtpreis (inkl. MwSt): 15.92
```

Abbildung 5: Beispielausgabe von getWarenkorbInhalt

4. Schluss

4.1 Resümee

Durch die Implementierung sowie die genauere Betrachtung eines Warenkorbs wird deutlich, welch zentrale Rolle der Warenkorb in einem Webshop System übernimmt. Hierbei wird vor allem durch die Implementierung eines Warenkorbs in Java aufgezeigt, welche Logik hinter dem Warenkorb steckt.

Ebenfalls wird in der Implementierung das objektorientierte Modell der Softwareentwicklung deutlich, welches auf Paradigmen wie Datenkapselung für die Sicherheit der im Warenkorb enthaltenen Attribute zurückgreift. Ohne objektorientierte Programmiersprachen wie Java wäre die Weiterentwicklung und Wartung von Software wie dem Warenkorb undenkbar.

4.2 Kritische Auseinandersetzung

Dieses Assignment bietet durch die praxisnahe „Hands-on" Aufgabe einen sehr guten Einblick in die Grundlagen von Java.

Allerdings wird bei der Implementierung des Warenkorbs viel Interpretationsspielraum gelassen, sodass aufgrund der vielfältigen Erweiterungsmöglichkeiten in der Logik des Warenkorbs eine allumfassende Bearbeitung im Rahmen dieses Assignments nicht möglich ist.

Wie bereits in Abschnitt 3.1 erläutert, existiert ein Dubletten Risiko für das Attribut *Artikel.Artikelnummer*. Es wurde außerdem auf eine Persistenz-Schicht des Warenkorbs und der Artikeldaten verzichtet. Diese hätte man in Form von einer relationalen Datenbank oder aber auch im Sinne von modernen *Microservices* als JSON Objekt speichern können. Das JSON Objekt hätte wiederum als Cookie auf dem Client gespeichert werden oder als Datei in eine No-Sql Datenbank geschrieben werden können.

Zusammenfassend ist festzustellen, dass ein Warenkorb eine gewisse Komplexität bietet, welche aber aufgrund der vielfachen Anforderungen des E-Commerce notwendig ist.

5. Literaturverzeichnis

HDE, Statista. Umsatz durch E-Commerce (B2C) in Deutschland in den Jahren 1999 bis 2016 sowie eine Prognose für 2017 (in Milliarden Euro), 2017 https://de.statista.com/statistik/daten/studie/3979/umfrage/e-commerce-umsatz-in-deutschland-seit-1999/

LAHRES, Bernhard; RAÝMAN, Gregor. Praxisbuch Objektorientierung. *Galileo Computing*, 2006, 13. Jg.

MEIER, Andreas; WERRO, Nicolas. Extending a webshop with a fuzzy classification model for online customers. In: *Proceedings of the IADIS International Conference on e-Society, Dublin, Ireland*. 2006. S. 305-312.

PETRI, Britta; PETRI, Björn. Polymorphie, Java-Tutorial.org
https://www.java-tutorial.org/polymorphie.html

POETZSCH-HEFFTER, Arnd. *Konzepte objektorientierter Programmierung: mit einer Einführung in Java*. Springer-Verlag, 2013, S. 143

PREIßL, Brigitte, et al. *E-Commerce--Erfolgsfaktoren von Online-Shopping in den USA und in Deutschland*. Duncker & Humblot, 2015.

RIEGE, Mathias. Warenkorb_JAV40, AKAD University, 2016

STENDER, Peter. Kurze Einführung in die OO-Programmierung. In: *Webprojekte realisieren nach neuesten OOP-Kriterien*. Vieweg+ Teubner Verlag, Wiesbaden, 2011. S. 7-10.

BEI GRIN MACHT SICH IHR WISSEN BEZAHLT

- Wir veröffentlichen Ihre Hausarbeit, Bachelor- und Masterarbeit

- Ihr eigenes eBook und Buch - weltweit in allen wichtigen Shops

- Verdienen Sie an jedem Verkauf

Jetzt bei www.GRIN.com hochladen und kostenlos publizieren